Die LYRIKEDITION 2000 wird herausgegeben von
Heinz Ludwig Arnold

Das Buch

Als Walter Höllerers literarischer Erstling »Der andere Gast« 1952 erschien, war der Autor nahezu unbekannt. Die rund 50 Gedichte wurden von der Kritik lebhaft begrüßt. Das Auffälligste an Höllerers Gedichten, die von 1942 bis 1952 entstanden sind, ist der metrisch ungebundene, suggestive Rhythmus, der die meist kurzen Zeilen trägt und verbindet. Thematisch findet man in Höllerers Versen weder eine falsche Aktualität noch literarische Hinterwäldlerei. Sein Hauptinteresse liegt darin, den Augenblick, die Gegenwart zu verdichten. »... im Grunde begegnet man in nahezu allen Stücken einem einzelgängerischen Talent von erheblicher Ausdruckskraft, die sich an einem Minimum von Wortaufwand bestätigt.« (Karl Krolow)

Der Autor

Walter Höllerer, Schriftsteller und Literaturwissenschaftler, geboren 1922 in Sulzbach-Rosenberg. Studium in Erlangen, Göttingen und Heidelberg. Bis 1987 Professor für Literaturwissenschaft an der TU Berlin. Mitbegründer der Zeitschrift »Akzente« 1954, ab 1961 Herausgeber der Zeitschrift »Sprache im technischen Zeitalter«. Gründete 1963 das Literarische Colloquium Berlin, 1977 das Literaturarchiv Sulzbach-Rosenberg.

Walter Höllerer

Der andere Gast

Gedichte

Dieses Buch erschien erstmals 1952 im Carl Hanser Verlag München.

Die LYRIKEDITION 2000 ist ein Demand Verlag der Buch & media GmbH, München. Dieser Verlag publiziert in Verbindung mit dem Hamburger Buchgrossisten Libri ausschließlich Books on Demand. Die Bücher werden elektronisch gespeichert und auf Bestellung gedruckt, deshalb sind sie nie vergriffen. Books on Demand sind die über den klassischen Buchhandel und Internet-Buchhandlungen zu beziehen.

Weitere Informationen über den Verlag und sein Programm unter
www.buchmedia.de

Oktober 2000
LYRIKEDITION 2000
Ein Demand Verlag der Buch & medi@ GmbH, München
© 2000 Walter Höllerer
Umschlaggestaltung: Bauer+Möhring, Berlin
Herstellung: Libri Books on Demand
Printed in Germany · ISBN 3-935284-20-9

Geschrieben in den Jahren 1942 bis 1952

O SIEH DEN ROTEN MOHN, ERSCHRICK

Daß du es hast und doch nicht hast
Und daß du weitergehst und suchst:
Das kam, das ging, das war zu Gast

Und kam woher? und endet wo?
Und ging wohin? und spricht nun weit
Vom Berg verdeckt die Worte so,

Als wär'n sie alt. Und sind doch nie
Mehr voll gesagt —
Und wußte es die Priesterin, die

Im Nebel stand, im Qualm der Nacht?
Und der in Ketten vor dem Tod?
Achill vielleicht in seiner Schlacht?

Und du, in feuchten Klee gepreßt,
Wenn neben dir die Garbe schrie,
Hieltst du es fest?

Hieltst du ihm stand, den Frauen nah?
Und wenn es war in dem Gesicht
Des Sterbenden, als dies geschah

Am letzten Tag des letzten Kriegs?
Und warst nur immer froh des Siegs,
Wenn es vorbei, vorüber war,

Und änderte dich nie und nie
Und streifte hin und ließ dich so
Wie vorher sein und ließ dich wie

Ein Tier am Weg mit stumpfem Blick?
Und schwankst und tölpelst schattenwärts:
O sieh den roten Mohn, erschrick,

Daß du es hältst, daß du es hast
Und daß dus seist,
Und nicht als Fremder weiterreist –

Du warst nur selten dir zu Gast.

WIE DAS GETRENNTE NUN

Wie die Dämmerung stumm
Ein Band dir zuwarf,
Das Geißblatt blühte
Von Wällen, die sie
Sorgsamst um ihre Gärten
Gezogen hatten:

Wie die Lichter der Dieselwagen
Gelblich starrten,
Holz war geschichtet
Auf den Ladeflächen,
Das spärliche Kienholz aus
Pentelikon-Wäldern:

Wie das Getrennte nun
Herankam,
Mit Bändern nicht zu binden,
Unüberschaubar, – du

Kaum sicheren Schritts mehr
Hängender Arme
Gegangen bist, untätig,
In der schnurgeraden
Allee von Pappeln.

LICHT, DAS SCHON AUFBRACH

Hütten und Staken vor blauviolettem Himmel.
Rauch summt über die Agorà.
Parthenon schnaubt, ein flügelgewaltiger Schimmel.

Breiter Borstenrücken Hymettos ist nah.
Blasser im Abend der Marmorberg klirrt
Und die Schleife des Parnes; da

Kommt ein Schrei aus den Gassen, verwirrt
In Ghirlanden der Saxophone.
Wellblech-Elendsquartier der Kolonne
Murmelt ihm nach. –

Das ist der Duft der Zitrone.
Die Kamille schäumt um die Koren.
Licht, das schon aufbrach. Wir
Kauern wie Mohren.

DIE HALBEN KÄLBER UND ZIEGEN

Die halben Kälber und Ziegen.
Da schimmert die Bahn.
Das Blut vertrocknet, die Fliegen
Spinnen den Faden an.

Das Blut verraucht in rauhen
Splissigen Planken, am Stein.
Einer wäscht sich mit schlauem
Zwinkern die Hände rein.

Die halben Kälber und Ziegen.
Das verzuckt geschwind.
Durch dunkle Gänge, verschwiegen,
Wies in alte Kanäle rinnt,

Und weiter und schneller im Schwirren
Der Giftfliegen immerzu:
Die decken mit ihren irren
Grünen Schwärmen die Fleischbank zu

Und kommen in neuen Scharen
Von Sümpfen, von Marathon her,
Rauschen, wie wenns das Leben wär,
Dort, wo Lebendige waren.

Blauer Silberhäher

Blauer Silberhäher
Reißt mit seinem Schrei
Dem verborgenen Späher
Den Rock entzwei:

Wie's im Abend blutet,
Fleisch und Fetzen gelber Haut –
Rings umflutet
Ihn, den Bloßen,
Licht in großen
Feuerkreisen,
Daß das Harz aus Stämmen taut.

Gottbauchige Vasen

Gottbauchige Vasen von Gold,
Zierate, die verwehen,
Goldene Ringe an Zehen
Und in den Zähnen Gold, –

Sukkulente Pflanzen.
Verstörtes Stilgefühl.
Marschallstäbe. – Der Ranzen
Hängt im Glockengestühl.

Der Wind aus Süden kommt

Der Wind aus Süden kommt an das Felsentor.
Wir wollen rufen, aber der Laut versagt.
Wir torkeln aus den dunklen Kammern
Über die Inseln bei Kap Misene.

Und erst im Fluge dämmert das wahre Bild
Der eignen Glieder. Was wir Verborgenen
Erträumt, auch hart erworben: breite
Gläserne Flügel und schöne Stimmen,

Zerbricht im Lichtmeer. Nächtliches Vogeltier,
Pechfedrig, schwarzgeschnabelter Wolkenkauz
Hängt schweren Atems in den Netzen
Über den zitternden Fischersegeln.

*

Weiße Esel wandern, die Reisigbündel
Sind im Frührot. Andere wieder haben
Braune Sättel über den wohlgenährten
Schimmernden Kruppen.

Die Gesäße prahlen im Fett, die Schwänze
Schnipsen Freudenkringel in silberblaue
Zukunftsberge, die überm schmalen Felspfad
Gläsern verklirren.

Und der Treiber: alle vertanen Sohlen
Seines Lebens, überbezahlte Nächte
Wirft er, singt er fort in die schattenschwarze
Schlucht der Abruzzen.

UNTER BÄUMEN WIE SCHNEE

Unter Bäumen wie Schnee, schön, von van Gogh
                                              gemalt,
Mandelbäumen im März läuft eine Mauer hin
Aus geschichteten Steinen.
Afrika – und Europasaum.

Möwe, die sich im Schwarz lachender Maske birgt:
Unsre Spiele. – Die Frau unter dem Tor zum Meer
Schien so grau wie die Mauer,
War ein Mädchen und sprach den Gruß.

Flugplatz Trapani, wo schräg hinterm Erice
Übers Wasser das Kap Bon nach Europa schielt.
Aus den brüchigen Stiefeln
Rinnt von El Alamein der Sand.

Der Tempelberg, entzaubert

Der Tempelberg, entzaubert, doch immer noch
Verharren Schiffer, wenn sie am Felsensturz,
Am Erice die Segel stellen
Weiter hinaus oder hafeneinwärts,

Weil noch die leeren Stätten verwandeln durch
Die alte Weisung. Hütten sind blicklos und
Die Vögel ohne Laut, die Pflüge
Stehn violett in den gelben Feldern.

Du fährst mit Schiffen hin und du suchst von fern
Den Berg im Blau. Er fällt in die Flut zurück.
Zuweilen dann: als ob noch, dämmernd
Durch den Verhang, seine Bogen glänzten.

SIZILISCHER BRUNNEN

Die Mandelbäume sind
In ihrer Blüte weiß,
Andere im rosa Hemde
Wie Mädchen in der Nacht.
Von Afrika der Wind
Ist sandgelb, heiß.
Da sitzen wir wie fremde
Vögel am Brunnenschacht.

Die Kette rasselt schwer.
Der Eimer kollert tief.
Aus alter Ferne schallts.
Das Wort, die Weisung, wer
Entchifferts, was da rief?
Das süße Wasser schmeckt nach Salz.

Von Möwen eingeschneit

Von Möwen eingeschneit das Land, doch schwarz
Die Wolkenbank. Der Wind, in Hast,
Hinschwindend über schiefen Hütten.
Zäune
Wanken im Dunst. Der Hahn
Verflattert, kreischt,
Schreit wie zum Bersten. Rost
Rasselt vom Gefieder (schmeck' den Rost
Des langen Wartens). Funken im Gebälk.

SCHLÄGT ER DEN GLOCKENRAND

Ein grauer Stein mit kantigem Kontur
Hängt schwer an Stricken als Gewicht.
Vom Schwesterstein nur eine Schattenspur,
Schummriges Felsgesicht.

Die Zeit sitzt, Fledermaus, an alter Wand.
Das Perpendikel scharrt.
Der Arm holt aus, – schlägt er den Glockenrand?
Holt aus, – verharrt.

Der Himmel zuckt,
Als fiele bald aus ihm der Schrei, der scharfe Laut.
Und hingeduckt
Kein Haus sich mehr zu atmen traut.

Zurückgedehnt, wie gespannte Bogen

Zurückgedehnt, wie gespannte Bogen,
Mädchenlieder am Lago di Vico,
Zielen silbern und braun in den See, in
Uferstreifen,
In die Bäume am See, die noch nicht belaubt sind,
In den Himmel; – zu Felsenwänden,
Fast sie berührend,
Zurückgedehnt.

Mädchen schneiden am Lago di Vico
Weidenruten, Mädchen schneiden
Weidenäste, die braunen Arme,
Handgelenke zerkratzt, daß Blut rinnt,
Schmale Bänder,
Auf den Zweigen.

Im Diesellärmen

Echsen, mächtigen Flugs, kommen meerüberwärts,
Fangen tiefer dich ein, wenn du am Steuer sitzst.
In der Steile des Weges
Spürst dus hinter dem Motorsturm:

Altes, Ältestes noch, Anruf aus Eisen, Öl,
Unvordenkliche Zeit, Anderes dir und fern,
Einsam nahegerückt nun,
Unbezähmt und zum Herzen dir.

Starrten Spiegel und Glas? Streuten den Meersand her,
Grau auf Lippe und Kinn. Schwarzer Olivenhain
Steht im Bunde, dein eigner
Augenbogen, die Stirn, die Hand.

Verweile einen Atemzug, unstetes Tier

Es zischt der Herbst, naß, aalgleich, im Dorngestrüpp.
Da ist roter Morast der Fuhrweg und
Klebrig der Acker. Verweile nur,
Lautlos in Furchen geduckt, Wollkugel du,
Federball in Ängsten,

Tanzenden Wirbelflugs inmitten, eingekreist.
Der aber in den Büschen am Wegrain dort
Schmatzt und jubelt und peitscht
– wies dich mitnimmt! - die Beeren
Gegen das Feldkreuz.

Der lag besonders mühelos am Rand

Der lag besonders mühelos am Rand
Des Weges. Seine Wimpern hingen
Schwer und zufrieden in die Augenschatten.
Man hätte meinen können, daß er schliefe.

Aber sein Rücken war (wir trugen ihn,
Den Schweren, etwas abseits, denn er störte sehr
Kolonnen, die sich drängten) dieser Rücken
War nur ein roter Lappen, weiter nichts.

Und seine Hand (wir konnten dann den Witz
Nicht oft erzählen, beide haben wir
Ihn schnell vergessen) hatte, wie ein Schwert,
Den hartgefrorenen Pferdemist gefaßt,

Den Apfel, gelb und starr,
Als wär es Erde oder auch ein Arm
Oder ein Kreuz, ein Gott: ich weiß nicht was.
Wir trugen ihn da weg und in den Schnee.

Die Schaufel in den Händen

Die Schaufel in den Händen, und viele, die
Mit uns das Erdreich wühlen, fast keiner mehr
Verlangt die Auskunft, wo vielleicht noch
Alle die Sande zusammenstimmen.

Das Feuer riecht nach Wolle und Kohlengrus,
Verbranntem Haar. Es wirft unsre Schatten weit
Und riesengroß auf Bahnhofsuhren,
Über die Gleise und Fahrtsignale,

Und schlägt mit spitzen Flügeln und kommt zurück
Aus Stahl und Draht und Formen, uns unbekannt,
Und wiehert, weil dein rauchverwischter
Schatten an glänzenden Weichen rüttelt.

In einer Nacht geschrieben

Stört er dich, der Schlaf? Mit den großen Händen
Schattet er die Lampe. Du bist verloren,
Wenn er tiefer, dunkler die Flamme angeht.
Zufall nur ists ihm.

Nah bei dir im Erdloch, im Zelthaus, neben
Panzerfaust und tschechischen Rostgewehren
Ist der Zweite. Scheinwerfer streifen, fassen
Gelb seine Stirne.

Läuft er jetzt im Tunnel, den Weg in seinem
Ich, im Ich zurück bis zum weißen Funken,
Ich so heut wie einst? Ist die gelbe Stirne
Die eines Knaben?

Er ist fern. Er wandert in unverstörten
Tälern stromwärts. Oder er kämpft mit schwarzen
Rabentieren, Panthern den lautlos bittern
Kampf um die Rückkehr.

Du dohlengrauer Tod

Der, schattenfarben, rötlichen Steinen und
Dem Mörtel zugemischt, den Mansarden ist,
Den Korridoren und den Kammern,
Dachsparrn, den rußigen, auch den Balken:

Du dohlengrauer Tod, du von anderen
Geschlechtern, alten Frauen gehegtes Gut,
Mit Seidenbändern wohl geziert, in
Bibeln gelistet, in Glasvitrinen,

Dem Mehle beigemengt, das aus Feldern kam,
Veränderlichen. Aber im Speicher harrt
Es lange; fern die Stimmen schwanken,
Hochzeitsgelage und Leichenschmäuse.

*

In alter Schrift: zwei Schuhe, und dies heißt Mensch.
Darüber drei von den gezackten
Sternen: »Anfang«
Ist nicht zu zeichnen ohne Wand und Graben;
Wort, das fehlt.

Das aber wohnt noch mit in unsern weißen
Gitterbettstätten. – Wege
Und Lichter tasten sich heran,
Von ungefähr.

Blicke von Vielen zum andern Ufer

Der Kirchturm war ein Stalagmit
Von schwarzem Stein. Das Schädelmeer
Schimmerte auf den Plätzen und es schritt
Kein Laut darüber her.

Der Wäldersaum zurückgeweht
Schwankt drüben, fern.
In Brückenwirrnis ist ein Silberstern,
Winzig, der hin- und wiedergeht.

Und die Gesichter schauen hin zum Fluß,
Als ob ein Fährboot käm,
Und daß es sie, noch jetzt, noch nach dem Schluß
Hinübernähm.

*

Weit das Land,
Das herüberglänzt über die Flut,
Daß der Fluß, der die Stunde sagt, verhält.
Dein Antlitz *(dies* ist Eigentum?)
Weit entrückt, ein Zeichen, steht
Über grünem Feld,
Kurze Zeit sichtbar werdend.

Auch ein Duft
Neubeginns zwischen den Wintern,
Dann, wenn der Wind den Mohn hebt,
Im Augenblick, wenn der Windstoß kommt.

Fortgehn. Unbestimmtes

Fortgehn. Unbestimmtes. Wenn Fledermäuse
Tiefer flattern, wähnst du, daß Abschied lang währt;
Gar dich streifen, wenn sie in Zickzackflügen
Schutthalden messen:

Von den Brauen wischst du sie weg, die Flügel,
Von den Augen, die dir vor anderm lieb sind;
Doch dies alles, auch die vermeinte Dauer,
Unzuverlässig.

Farben, niegesehene, atemraubend,
Wenn sie nahe, schmal auf den Zweigen sitzen;
Nur Sekunden dauerts: die Lederflügel
Rücken sie ferner.

Ein Boot ist immer versteckt

Ein Boot ist immer versteckt an Ufern.
Bist du nicht hastig,
Stehst du vor ihm. Die Ruder
Liegen unweit.

Manchmal, dicht am Torschrei
Von Fußballplätzen
Oder an Mauern, wo die
Abwässer tropfen,
Braune schillernde Haut den
Spiegel zudeckt:
Glänzen die Boote.

Unredlichkeit der Worte
Begleitet nicht.
Sag ohne scheelen Blick dich selber.
Leicht wird der Ruderschlag.
Dankbarer bist du.

Immer auf Fahrt gestellt und
Unbesorgt um das viele
Nützliche in den zurückge-
Lassenen Hütten!

Der gelbgescheckte Schimmel ist aus Holz

Der gelbgescheckte Schimmel ist aus Holz.
Wenn Du die Beine noch so spreizst
Und hoch bist, weil Du auf dem Schimmel reitst:
Er rennt im Kreis und schimmelstolz.

Am Himmel flattert Wäsche; vom Plafond
Der Küche turnt das Seil ans Firmenschild:
»Kunstspenglerei«. Da äugt der Schimmel, wild,
Zum Orgeldreher hin. Der macht den Ton.

Der macht den Takt. Der Schimmel ist aus Holz.
Und Du, wenn Du die Beine noch so spreizst,
Wir wissen schon, wohin Du heute reitst,
Wir reiten mit, und, lachten wir nicht, stolz.

BUNTSPECHT

Noch toller tobt er. Lachender noch den Span
Zerspleißt er, splittert. Oder verharrt umsonst
Das Wiesel an den Strünken, wittern
Igel und Scheermaus umsonst zum Himmel?

Das Kernholz knurrt nur. Unter den Rinden schäumt
Der Harzbrei wilder. Nächtlichen Fluges matt
Der Kauz in seinem Astloch kullert,
Weil ihm das Mehl in der Wolle arg ist.

Im Braun der Schenke quirlt die Spielerzunft.
Sie horchten auf. Sie klatschen das Kartenblatt
Auf abgenutzte Tische wieder.
Bilder vergilben an feuchten Wänden.

Verloren in den Tälern auf krummer Spur
Vertun sich Füchse, jedweder Aasgeruch
Versengt den Pelz den Räubern, die doch
Japsend verborgenen Tod noch sterben.

Kalenderrascheln, Fabeln vom Untergang
Beharren weiter. Made verwandelt sich
In Trotz, und immer wieder prasselt
Neue Figur auf die Felsenschläfer.

DEN FELDWEG GEHEN

Heut noch fortzugehn,
Ohne zu wissen wohin,
In Minuten der Aufbruch,
Hintanlassen alles:
Das Haus und alle Gerätschaft,
Auch was dir lieb ist –
Bist du bereit dazu?

Die Straße zu wandern
Unverdrossen;
Ohne zu wissen wohin
Den Feldweg zu gehen;
Bist du noch bereit?

Stehst in Aufgang, Niedergang,
Gras in Kammern,
Herkunft und Wiederkehr.
Andere Balkone als einst
Kennst du.

Heut noch fortzugehn.
Abend ist über dir.
Der Regenpfeifer schweigt nicht
In Herbsthecken.

FERNHER

Das Hundebellen. Morgens, in grauem Schlaf
Verharrt es schwarz. Dann wandert es still zurück
Zu Hirtenhütten, die in Tälern
Hinter verfallenen Zäunen sitzen.

Und längst vergessen ist es am hellen Tag.
Das Wiesenschaumkraut brandet, die Nelkenwurz
Tropft rot an Bächen. Nur im Schatten
Ziehender Wolken vernimmst dus fernher.

*

Immer in Spiegeln läuft,
In Neon-Wißbegier,
Beton und Stahlgerüst
Es nebenher;
An Treppen sitzt
Verstummtes Tier, –

Daß es dein Atemzug
– Rhythmus vor Anderem –
Erlöse, Rhythmus und
Ein Schreiten: Gegenwart.
Die Brücke federt unter
Deinem Fuß.

WIDERSPIELE

Der Lattich blüht am Zaun.
Der weite Platz ist griebenbraun.
Er schwelt den Winter aus.

Der Lattich war mein Haus,
Das Latticheck.
Wir spielten dort zu zweit Versteck

Im März. Die Sonne schien
Gelbglänzend, aber faul.
Der Fuhrmann schlug den Karrengaul.

Der zog den Müll, den Schutt.
Nach Staub rochs und Palmin,
Und ihre Puppe warf ich ihr kaputt.

Durst an vollen Eimern

Ist Genüge? Noch satter
Lagern die Schatten am Hang,
Quarrt in den Angeln das Gatter,
Schlurfen die Schritte den Hof entlang,

Zittern die Mittagsschleier,
Schlagen die Flügel matt,
Murrt eine baßtiefe Stimme im Weiher,
Poltern Lokomotiven zur Stadt.

Ist Genüge? Gesagtes
Sondert sich ab vom Sein,
Und ein Wort, ein endlich gewagtes,
Läßt uns um Mittag allein

Und es umschmeichelt die vollen
Eimer am Brunnenscheit,
Wäsche und Strümpfe, buntwollen,
Und ein blaublumiges Kirchweihkleid.

Pfingstrosen in einer Gärtnerei

Volltrunken schweres Haupt und uferlos
Verschwendet in Karmin.
Prallsüßer Rausch um einen kleinen Stern.
Ein Käfer torkelt drin.

Die Kröte sitzt im Beet.
Das Licht in roten Bächen niederrinnt;
Die Augen glüht es blind;
Und hart vorbei die Radspur geht.

Im Mittagslicht

Ein Rosenkäfer findet durch den Duft die Furt.
Ein Mauersegler ritzt mit Flügeln dunkles Blau.
Ein Mädchen liest in einem Buch
Die Linien ohne Furcht.

Am Halm umgrenzt sich ein Kristall.
In fernen Nebeln sirrt ein Silberstern.
Durch Adern zuckt es brennend rot:
Es ist. Ich bin.

Es wandern Masten, schwarz, in Reih'n durchs Land.
Ein Flugzeug schwimmt am Wolkenrand.
Hornisse tobt, sekundenschnell, im Sand – im Kreis,
Das Licht, der Tag ist hell, ist heiß.

Hotelschiff zu Regensburg

Weißt Du noch das Schiff?
Es war schon im Schwarzen Meer.
Weither
Kam es, und liegt nun da für uns zwei.
Steig ein. »Die Gefahr ist vorbei.«
Es droht nicht Schnelle noch Riff.

Brav liegts und schläft guten Schlaf.
Wartet, bis Du ihm leise sagst,
Was Du gerne magst.
Und dann stellts auf den Tisch
Das Fleisch und den Fisch,
Den Braten von Schwein, Rind und Schaf.

Zwinkert uns zu, Dir und mir,
Und gebärdet sich schlau,
Sagt auch »gnädige Frau«
Und zieht sich diskret zurück.
Weißt Du, es ist noch ein Stück
Von der guten Zeit. Komm, ich schenk es Dir!

Schenk Dir das Schiff und was in seinem Salon
Sich räkelt und reckt: vom Hafengeschrei
Südlicher, bunter Städte, vom Einerlei

Langen Sonnenbrütens, vom Duft
Der Gefahr etwas. – Die Luft
Weht von der alten Stadt zum schwanken Balkon.

Fast am Rand, verwundert

Im Verweilen immer noch Aufbruch, immer
Sehnen noch im Finden und wieder Fortgehn,
Ende im Gebären, und immer wieder
Neubeginn in Nachruf und Nacht und Abschied:

Stimmengewirr aus Höfen verebbt in nassen
Segellappen. Knirschen im Kies und Wort im
                              Verblassen
Wirst du nicht fassen.

Doch gelöst von diesem und wie durch Wimpern,
Falterflügelhafte, genau gesondert
Von Phantomen, mancherlei Wirklichkeiten,
Fast am Rand, verwundert, der schnellen Tage.

VERKÜNDIGUNG

Ein Kind, ein Mädchen, das erstaunt und bang
Dem Anruf nachgeht, der befremdend war
Und lockend doch, wie hergewehter Sang.

Wie eine Frage, aber ohne Sinn.
Wie nahes Brausen, uferlos,
Doch so, daß drin versteckt ein Waldtier schrie.

Eintönig dann, wie wenn der Regen fällt
Auf die Allee. – Du, Vorhang, Festes, das sich vor mich stellt.
Du, Fenster, große Welt.

Jetzt gehts nach Süden zu

Das ist der rechte Trott.
Von Eseln klipp und klapp.
Die Straße, die nach Süden geht,
Der Weg bergab.

Und spar dir hüh und hott.
Ein Esel ist nicht dumm.
Vom Weg sind deine Füße frei,
So laß ihn, er ist krumm.

Ein Weg ist immer krumm.
Du hast auch mitgemacht.
Am Tag hast du den Stein geklopft
Und in der Nacht.

Doch jetzt im Eselkarrn
Da siehst du schon noch mehr:
Und daß die Wolken Wolken sind,
Das blaue Meer ein Meer,

Und gar nicht ein Symptom,
Und nicht ein Stück, ein Biß,
Und nicht ein Katalyt und nicht
Ein Schattenriß.

Jetzt gehts nach Süden zu.
Von Eseln klipp und klapp.
Und endlich fällt von deinem Schuh
Der Nordbär ab.

Venedig, tagsüber Mond

Ein Schreibpult, das die Welt regiert.
Ein Schrank, der Schätze birgt.
Eine Schaluppe, die dich silbernst
(Da ist Geschrei des Markts) durch Kanäle führt:
Fleischrote Melonen, auch gelbe, glänzende.
Tomaten, kupferfarben. Dunkle Trauben.

Segelboote (Bretter, Verknotungen)
Im Hafen: entfliehen sich.
Linien im Spiegel sprechen
Wirklicher.

Drüber der Mond, bleich jetzt am Tag,
Steht Tausende Kilometer fern.
Jahre, nur einige hundert,
Hausen im Palazzo Grimani.

Ah, das Alte! Es knurrt in der Bootswand,
Klopft in Schläfen, hüpft
Auf schmalen Simsen.

Ah, der Mond! – Ein Termitenhügel
Starrt senkrecht unter ihm:
Ordnung, Wandel und Wichtigkeit.

Spinnen sich Fäden ab? ists
Vernehmbar?

Elefant von Bernini, Piazza Minerva

Sein schräger Schatten lächerte ihn oft.
Ihm, bis zur Chiesa unsrer lieben Fraun
Sopra Minerva kann er unverhofft
Und auch zum Pantheon nachschaun.

Dies ist ihm freilich nicht erlaubt.
Er ist, in Wahrheit, nicht exorbitant.
Er hält sich, wie ein alter Komödiant
Sich hält, von Fords und Cadillacs verstaubt.

Gleich einem Zeiger läuft sein Obelisk
Rund um die Piazza. Monoton. Die Runde gilt.
Nur einst, ein überzeugter Pazifist
Klebte ihm auf den Kopf ein weißes Schild.

Und immer steht er, wie man Zeichen macht
Für Fragen, die zu schwer, in Positur.
Trunkene taumeln, schlafen Nacht für Nacht
Im Zifferblatt der Mond- und Sonnenuhr.

SCHNEEBLAUER WIND

Gebäck, an den Maurengräbern vorbei
Hols bei Simone – er röstet die Mandeln am besten –
Stopf dir die Taschen ganz voll und schau
Dann vom Castell nach Calabrien.

Wind vom Salz.

Meer verdunstet wie Wasser im Topf.
Mithra, Schlangenbeschwörer Baal,
Deine Boa constrictor schnappt.
Fähren, die nach Messina trudeln.

Wind von Kristall.

Die endlose Fahrt der Züge!
Eselskarren alle über die Brust dir!
Der Ätna! silberblitzzuckend,
Wenn du den Rücken daranlehnst.

Schneeblauer Wind.

Die vielen ungleichen Dolche, die Gedanken,
Hohenstaufen und Berber. Doch Priesterinnen,
Weißgewandet, Siculer,
Biegsame, Blumen im Haar,
Dort bei den Schwänen.

Schneeblauer Wind.

Auch die Hellenen. Goldkugelernte in dunklem Laub.
Römer; am Cap San Andrea blitzt ein Fisch.
Hörst du die Kiemen klirren?

Wind!

Wind von Kristall, spring über Felsen.
Schneeblauer Wind, übers Meerfeld pflüge.

Korallen tauchen

Korallen tauchen dort, wo die Bleiflut stiert.
Die Segel haben noch Musik, die
Wälder mehr Zutrau'n. Die Fabriken
Sind torweit offen. Die Kontore,
Die Bauernstuben, Bibliotheken,
Säle auch mit den Dampfturbinen
Kommen zu den festen Näpfen,
Schmatzen bedächtig.

Korallenjäger. Einbeschlossen
Spiel und das Widerspiel.
Zeit und die Gegenzeit; Räume und Zwischenraum.
Warten und Gegenwart: dies kurze
Leuchten, das Meer, das Im-Augenblick-sein.

Korallen tauchen, Früchte des Meeres, die
Genießbar'n, roten.

WELLE VON WEISSEN MÄHNEN

Welle von weißen Mähnen. Alle
Gesichter angstverzerrt.
Augen, die Sterne, Seen
Dir zugekehrt,
In Biegungen erstarrt, im Anhub
Feinster Glieder, im Ruck der Wimpern,
Mitten im Laut,
Flehen!

Dein Stab – nun ist er erst schwer –
Zittert, hält sie,
Viele in Einem.
Nicht schreien. –
Atemzüge,
Strophe erwartend,
Harr'n.

Früh, und bei Birken

Das Tropfenspiel
Im Birkenfeld
Am Morgen, der mich hält.

Die Stunde früh;
Da ist die Welt
Ein Tropfenspiel
Im Birkenfeld;
Der Tag, für dich bestellt.

Und Bunteres noch:
Ein Schnabelgelb
Am Amselschwarz –
Und, Freudenton,

Ein Flugzeug kommt,
Ein Silberschiff,
Und schwimmt im hellen
Mantelblau
Davon.

Der Streifen nur
Am Fluß entlang
Ist Nebelspur.

Die Straße glänzt,
Ein Rappentier
Im Morgenritt.
Da warte ich.

Da kommst du her,
Ein Tropfen, der
Dem Birkenhaar
Entglitt.

Du vergibst Krug und Schlaf

Von Treppen schwer sind
Deine Füße,
Vom Staub der Macchien, die
Um die Stufen summen.
Von Ebenen kommst du, von Küsten,
Die weit hinausgehn.

Gras ist im Wind
Ein Silberspiel;
Lächeln geht
Durch den Spatenklang.
Rücken glänzen
Von Feldern und Schiffen her.

Du vergibst Krug und Schlaf,
Die Bastei hinterm Bildertrug,
Perlen, die durch geschlossene
Schalen schimmern.
Das Wort ist nah.

Und alles ist im Haus
Deinem Blick verwandelt.
Verwurf ist das zu neuer Fahrt
Dem Gast.

Der Seewind, nachts

»Hast du die Türe verwahrt
Unten am Ufer am See?
Hast du am Licht nicht gespart,
Daß es zur Nacht nicht vergeh?

Hast du, was du verfehlt,
– Holüber, ein Nachtblinder schreit! –
Den Jahren zugezählt
Deiner besten Zeit?«

War verschlossen das Tor, der Schlüssel groß in der Hand.
Diese schweren Schritte auf dämmrigem Kies.
Nimms ins Vergessen mit, in dein weites Gewand
Von Seide, gelb und schwarz. Der Seewind blies.

Krüge stehen bereit

Krüge stehen bereit, bauchige, glänzend blau,
Drinnen Wein wie die Flut pochenden Bluts so rot,
Den, mit heiteren Augen,
Trinke, wenn du das Gastrecht nützst.

Eh du weiter den Schritt über den Rebenberg,
Über Buche und Fels bis zu dem Staubfall tust,
Wo die Tropfen zersprühen,
Warte, verharre hier kurze Zeit.

Ruhig spricht das Gesicht dessen, der Trauben zieht,
Von den Sommern im Land. Sonne und Regenwind
Glänzen Stirne und Hand ihm.
Feuchte trocknet den Bergen nie.

GESICHT DES FISCHERS

Europaspur im Antlitz, Geleitzug von
Trieren, Koggen, Masken des Dionys,
Verwandelte, in dunklen Rillen
Um seine Brauen.

Mehr, als du ahnst, Gesang.
Fernblickend Inseln.
Prall wie am ersten Tag die Segel.

DA GLÄNZT AUF DEINEM SCHIFF

Abblättert Kalk. Es fällt die Marmorhand,
Es fällt die Schrift aus goldenem Schild.
Es wankt das Bild.
Auf dunkle Brauen rieselt Sand.

Abblättert Stolz und Ekel. Weit
Eröffnet – einmal noch – ein Frühgebreit
Mit Sonne sich. Du lenkst zum Strand.

Da glänzt auf deinem Schiff ein Rebenstock,
Und dich umhüllt ein farbenbunter Rock,
Das Angebind von Frauen. Deinem Ohr

Verhallt Drehorgelklang. Es singt, –
Unhörbar vorher –, Wind
Mit heller Stimme rings im Rohr.

Einen Schritt noch, weiter

Da sind Augenblicke,
Die mehr in sich einsammeln,
Getrenntes in eins tun,
In Körnchen und
Funkenknistern:

Den Weg vor dir, die Wandelgänge
Der Alten in Hellas; fragenden Blick
Eines, der am Schotterberg liegt,
Im Rückzugshasten; Lächeln
Der Siebzehnjährigen: noch nicht ganz
Ist sie im Leben, aber doch zu viel schon,
Gegenüber sitzt sie,
Am Teetisch –

Das sinkt nicht
Gänzlich; du sparst es:
Den grünen Lastkahn im See
(Immer weiter führen Treppen),
Die eckigen Schultern des Herrn
(Immer noch ferner ist ein Wort),
Als er zur Türe hereinkam –

Sie *sind,* jetzt,
Wo ihr, unverläßliche Augen,
Dampfende Brauereien seht,
Den Küraß Burg auf den Berg gestülpt
Und das Heim für Kranke
Im Winkelhang.

Aber mehr noch, dies, das Andere,
Das nichts mehr damit zu tun hat,
Nichts mit der Burg und den Männern am Wehr,
                    die sprechen,
Mit den schweißhellen Rücken (vom Piräus
                    dämmern sie auf)
Und dem Klavierton in
Mahagonistuben:

Dies Alles, überfertigt von
Anderem
(Aufgehoben im Mahlstaub,
Tanzender Ring um
Korallenäste),
Ohne Farben, Formungen,
Nah, erschreckend, –

Die Tulpe im Kelchglas
Entblättert lautlos,
Jetzt –

Da sind Augenblicke:
Den Schritt noch,
Einen noch,
Weiter!
      *

Nur Ikonen.
Aufgestellt an Felswänden.
Bilder für Bildloses.
Dort verläuft dein
Graben.

Der andere Gast

Daß dir das Schwere gelingt,
Den Brückenpfad geh.
Gelbe Spuren im Schnee
Schwinden zum Wald.

Bauernschenke,
Urväteralt,
Zieht die Kapuze
Tief ins Gesicht.

Hund mit scheelen Augen
Trollt ins Stroh.

Wärst du dem Schweigen nicht so
Angeschmiedet, hörtest du dich:
Den anderen Gast.

Tränke, die du nun hast,
Wenn du das Glas füllst, weh,
Verschütte sie nicht!

INHALT

O sieh den roten Mohn, Erschrick   7
Wie das Getrennte nun   9
Licht, das schon aufbrach   10
Die halben Kälber und Ziegen   11
Blauer Silberhäher   12
Gottbauchige Vasen   13
Der Wind aus Süden kommt   14
Unter Bäumen wie Schnee   15
Der Tempelberg, entzaubert   16
Sizilischer Brunnen   17
Von Möwen eingeschneit   18
Schlägt er den Glockenrand   19
Zurückgedehnt, wie gespannte Bogen   20
Im Diesellärmen   21
Verweile einen Atemzug, unstetes Tier   22
Der lag besonders mühelos am Rand   23
Die Schaufel in den Händen   24
In einer Nacht geschrieben   25
Du dohlengrauer Tod   26
Blicke von Vielen zum andern Ufer   27
Fortgehn. Unbestimmtes   28
Ein Boot ist immer versteckt   29
Der gelbgescheckte Schimmel ist aus Holz   30
Buntspecht   31
Den Feldweg gehen   32
Fernher   33
Widerspiele   34

Durst an vollen Eimern 35
Pfingstrosen in einer Gärtnerei 36
Im Mittagslicht 37
Hotelschiff zu Regensburg 38
Fast am Rand, verwundert 39
Verkündigung 40
Jetzt gehts nach Süden zu 41
Venedig, tagsüber Mond 42
Elefant von Bernini, Piazza Minerva 43
Schneeblauer Wind 44
Korallen tauchen 46
Welle von weißen Mähnen 47
Früh, und bei Birken 48
Du vergibst Krug und Schlaf 50
Der Seewind, nachts 51
Krüge stehen bereit 52
Gesicht des Fischers 53
Da glänzt auf deinem Schiff 54
Einen Schritt noch, weiter 55
Der andere Gast 58